윤동주
백석
정지용

필사하기

현대시 전설을 필사하다

윤동주 백석 정지용 필사하기

초판 발행 2019년 12월 15일

개정판 발행 2022년 5월 5일

디자인 김PD

펴낸이 이일로

펴낸곳 도서출판 화약고

등록일 2006년 10월 17일

대표 전화 0505)369-3877 / 팩스 02)6442-3877

출판사 블로그 http://blog.naver.com/windpaper

가격 7,700원

이 책에 실린 모든 내용, 디자인, 이미지, 편집 구성의 저작권은 도서출판라이프하우스와 저자에게 있습니다. 허락 없이 복제하거나 다른 매체에 옮겨 실을 수 없습니다.

ISBN 979-11-86026-08-3   13810

머리말

청춘 시의 전설이 여기에 있다

청춘 시의 전설, 윤동주 백석 정지용 시인이 이 한 권의 책으로 만난다. 백석과 정지용은 윤동주와 인연이 있다. 백석은 '백석 시집 사슴'을 발표하자마자 천재 시인으로 장안에 화제를 불러 일으켰는데 윤동주는 백석 시집을 모델 시로 여기고 필사하며 시 공부를 했다.

윤동주와 정지용과의 인연은 어땠을까.

정지용은 당대 모더니스트로 시문학, 구인회 등의 문학 동인과 가톨릭 청년, 문장 등의 편집위원으로 활동하고 휘문고보 교원을 거쳐 해방 후에는 이화여전교수, 경향신문주간, 조선문학가동맹 중앙집행위원 등을 역임하였다. 게다가 청록파 시인들과 이상을 등단시킬 정도로 문단에 차지하는 위치가 가볍지 않았다.

정지용은 윤동주의 유고 시집 '하늘과 바람과 별과 시' 서문을 썼다.

  세 시인이 태어난 지 100년이 되었음에도 이 시를 다시 읽어야 하는 시대가 도래했다. 온몸으로 증명한 시어들이 시집 속에서 살아있기에. 학창 시절 청춘과 번민으로 가득 찬 시와 영원불멸한 청춘이 각인되었기에, 젊은 나이에 맑은 시어를 씀으로써 성취에 다다랐음을 보여주었기에.

                      2022년 5월 윤동주가 걸었던 서울 신촌에서
                                편집팀 일동

차 례

머리말

1 윤동주 시   10 page

서시 / 자화상 / 소년 / 눈 오는 지도
돌아와 보는 밤 / 병원 / 무서운 시간
십자가 / 바람이 불어 / 또 다른 고향
길 / 별 헤는 밤 / 흰 그림자
사랑스런 추억 / 흐르는 거리
쉽게 씌워진 시 / 아우의 인상화 / 위로
간 / 참회록 / 이런 날
창공 / 오후의 구장 / 사랑의 전당
장
발문 - 강처중

11 백석

전설을 말하다, 백석

가즈랑집 / 여우난골족 / 고방
모닥불 / 고야古夜 / 오리 망아지 토끼
하답夏畓 / 주막 / 추일산조秋日山朝
여승 / 수라修羅 / 통영
오금덩이라는 곳 / 가키사키柿崎의 바다
정문촌旌門村 / 여우난골
삼방三防 / 남신의주 유동 박시봉방
흰 바람벽이 있어 / 나와 나타샤와 흰 당나귀
팔원八院 - 서행시초 3
국수 / 바다 / 내가 이렇게 외면하고

111 정지용

바다1 / 바다2
홍역紅疫 / 시계時計를 죽임
유리창 1 / 난초蘭草 / 지도地圖
귀로歸路 / 오월소식五月消息
석류 石榴 / 향수鄕愁
갑판 위 / 카페 프란스
홍춘紅椿 / 엽서에 쓴 글
봄 / 할아버지
기차 汽車 / 산엣 색시 들녘 사내
산 너머 저쪽

윤동주 시

유고 시집, 하늘과 바람과 별과 시

1946년 7월에는 경향신문에 유작 '쉽게 씌여진 시'가 발표되었다. 신문사 편집국장이었던 정지용 시인의 도움이 컸다.

1947년 2월 16일에 정지용, 안병욱, 이양하, 김삼불, 정병욱 등 30여 명의 선후배, 교수, 및 문인들이 서울 소공동 플로워 회관에 모여 '윤동주 2기 추도식'을 개최하였다.

1948년 1월에 정음사에서 유고시집 '하늘과 바람과 별과 시'를 간행하였다. 이 시집은 유고 31편과 정지용의 서문으로 이루어졌다.

1955년 2월, 윤동주 10주기 기념으로 흩어진 유고를 모아 88편의 시와 5편의 산문을 엮어 다시 '하늘과 바람과 별과 시'를 정음사에서 간행하였다. 2월 16일, 연희대 문과 주최로 박영준, 김용호, 정병욱 등이 모여 '윤동주 10주기 추도회'를 개최하였다.

서시

죽는 날까지 하늘을 우러러
한 점 부끄럼이 없기를,
잎새에 이는 바람에도
나는 괴로워했다.
별을 노래하는 마음으로
모든 죽어가는 것을 사랑해야지
그리고 나한테 주어진 길을
걸어가야겠다.

오늘 밤에도 별이 바람에 스치운다.

1941.11.20.

연희전문학교 졸업을 앞두고 진학에 대한 고민과 시국에 대한 불안, 고향 집에 대한 걱정 등으로 괴로워했다. 이런 상황에서 그의 대표작이 탄생했다. 또 다른 고향(9월), 별 헤는 밤(11월 5일), 서시(11월 20일)가 이 시기에 나왔다.

자화상

산모퉁이를 돌아 논가 외딴 우물을 홀로 찾아가선
가만히 들여다봅니다.

우물 속에는 달이 밝고 구름이 흐르고 하늘이 펼치고
파아란 바람이 불고 가을이 있습니다.

그리고 한 사나이가 있습니다.
어쩐지 그 사나이가 미워져 돌아갑니다.

돌아가다 생각하니 그 사나이가 가엾어집니다.
도로 가 들여다보니 사나이는 그대로 있습니다.

다시 그 사나이가 미워져 돌아갑니다.
돌아가다 생각하니 그 사나이가 그리워집니다.

우물 속에는 달이 밝고 구름이 흐르고 하늘이 펼치고
파아란 바람이 불고 가을이 있고 추억처럼 사나이가
있습니다.

1939.9

1941년 연희전문 문과에서 발행한 문우 지에 '자화상', '새로운 길'을 발표했다.

소년

여기저기서 단풍잎 같은 슬픈 가을이 뚝뚝 떨어진다. 단풍잎 떨어져 나온 자리마다 봄을 마련해 놓고 나뭇가지 우에 하늘이 펼쳐 있다. 가만히 하늘을 들여다보려면 눈섭에 파란 물감이 든다. 두 손으로 따뜻한 볼을 쓸어보면 손바닥에도 파란 물감이 묻어난다. 다시 손바닥을 들여다본다. 손금에는 맑은 강물이 흐르고, 맑은 강물이 흐르고, 강물속에는 사랑처럼 슬픈 얼골-아름다운 순이의 얼골이 어린다. 소년은 황홀히 눈을 감어 본다. 그래도 맑은 강물은 흘러 사랑처럼 슬픈 얼골-아름다운 순이의 얼골은 어린다.

얼골 : 얼굴
우에 : 위에

1939.

눈 오는 지도

순이가 떠난다는 아침에 말 못 할 마음으로 함박눈이 나려, 슬픈 것처럼 창밖에 아득히 깔린 지도 우에 덮인다.
방안을 돌아다보아야 아무도 없다. 벽과 천장이 하얗다. 방안에까지 눈이 나리는 것일까, 정말 너는 잃어버린 역사처럼 훌훌히 가는 것이냐, 떠나기 전에 일러둘 말이 있던 것을 편지를 써서도 네가 가는 곳을 몰라 어느 거리, 어느 마을, 어느 지붕 밑, 너는 내 마음 속에만 남아 있는 것이냐, 네 쪼고만 발자국을 눈이 자꼬 나려 덮여 따라갈 수도 없다. 눈이 녹으면 남은 발자국 자리마다 꽃이 피리니 꽃 사이로 발자국을 찾아 나서면 일년 열두달 하냥 내 마음에는 눈이 나리리라.

1941. 3. 12.

한 여성을 사랑했다. 하지만 끝내 고백하지 않았다. 왜 고백하지 않았을까. 시 '눈 오는 지도'에 그 심정이 담겨 있지 않을까.

돌아와 보는 밤

세상으로부터 돌아오듯이 이제 내 좁은 방에 돌아와 불을 끄옵니다. 불을 켜두는 것은 너무나 피로한 일이 옵니다.
그것은 낮의 연장이옵기에—

이제 창을 열어 공기를 바꾸어 들여야 할텐데 밖을 가만히 내다보아야 방안과 같이 어두워 꼭 세상같은데 비를 맞고 오던 길이 그대로 빗속에 젖어 있사옵니다.

하루의 울분을 씻을 바 없어 가만히 눈을 감으면 마음 속으로 흐르는 소리, 이제, 사상이 능금처럼 저절로 익어 가옵니다.

　　　　　　　　　　　　　1941.6.

병원

살구나무 그늘로 얼골을 가리고 병원 뒤뜰에 누워,
젊은 여자가 흰옷 아래로 하얀 다리를 드러내 놓고
일광욕을 한다. 한나절이 기울도록 가슴을 앓는다는
이 여자를 찾어오는 이, 나비 한 마리도 없다.
슬프지도 않은 살구나무 가지에는 바람조차 없다.

나도 모를 아픔을 오래 참다 처음으로 이곳에 찾어왔다.
그러나 나의 늙은 의사는 젊은이의 병을 모른다.
나한테는 병이 없다고 한다. 이 지나친 시련,
이 지나친 피로, 나는 성내서는 안 된다.

여자는 자리에서 일어나 옷깃을 여미고 화단에서
금잔화 한 포기를 따 가슴에 꽂고 병실 안으로 사라진다.
나는 그 여자의 건강이 — 아니 내 건강도 속히 회복되
기를 바라며 그가 누웠던 자리에 누워 본다.

1940.12.

무서운 시간

거 나를 부르는 것이 누구요.

가랑잎 이파리 푸르러 나오는 그늘인데
나, 아직 여기 호흡이 남아 있소.

한 번도 손 들어 보지 못한 나를
손 들어 표할 하늘도 없는 나를

어디에 내 한 몸 둘 하늘이 있어
나를 부르는 것이오.

일을 마치고 내 죽는 날 아침에는
서럽지도 않은 가랑잎이 떨어질 텐데……

나를 부르지 마오.

1941.2.7.

십자가

쫓아오던 햇빛인데
지금 교회당 꼭대기
십자가에 걸리었습니다.

첨탑이 저렇게도 높은데
어떻게 올라갈 수 있을까요.

종소리도 들려오지 않는데
휘파람이나 불며 서성거리다가,

괴로웠던 사나이,
행복한 예수·그리스도에게
처럼
십자가가 허락된다면

모가지를 드리우고
꽃처럼 피어나는 피를
어두워가는 하늘 밑에
조용히 흘리겠습니다.

1941.5.31

바람이 불어

바람이 어디로부터 불어와
어디로 불려가는 것일까,

바람이 부는데
내 괴로움에는 이유가 없다.

내 괴로움에는 이유가 없을까.

단 한 여자를 사랑한 일도 없다.
시대를 슬퍼한 일도 없다.

바람이 자꼬 부는데
내 발이 반석 우에 섰다.

강물이 자꼬 흐르는데
내 발이 언덕 우에 섰다.

우에 : 위에

1941.6.2.

또 다른 고향

고향에 돌아온날 밤에
내 백골이 따라와 한방에 누웠다.

어둔 방은 우주로 통하고
하늘에선가 소리처럼 바람이 불어온다.

어둠 속에 곱게 풍화작용하는
백골을 들여다보며
눈물 짓는 것이 내가 우는 것이냐
백골이 우는 것이냐
아름다운 혼이 우는 것이냐

지조 높은 개는
밤을 새워 어둠을 짖는다

어둠을 짖는 개는
나를 쫓는 것일 게다.

가자 가자
쫓기우는 사람처럼 가자
백골 몰래
아름다운 또 다른 고향에 가자.

1941.9.

길

잃어버렸습니다
무얼 어디다 잃었는지 몰라
두 손이 주머니를 더듬어
길에 나아갑니다.

돌과 돌과 돌이 끝없이 연달아
길은 돌담을 끼고 갑니다.

담은 쇠문을 굳게 닫어
길 위에 긴 그림자를 드리우고

길은 아침에서 저녁으로
저녁에서 아침으로 통했습니다.

돌담을 더듬어 눈물 짓다
쳐다보면 하늘은 부끄럽게 푸릅니다.

풀 한포기 없는 이 길을 걷는 것은
담 저쪽에 내가 남아 있는 까닭이고,

내가 사는 것은 다만,
잃은 것을 찾는 까닭입니다.

1941.9.

별 헤는 밤

계절이 지나가는 하늘에는
가을로 가득 차 있습니다.

나는 아무 걱정도 없이
가을 속의 별들을 다 헤일 듯합니다.

가슴 속에 하나 둘 새겨지는 별을
이제 다 못 헤는 것은
쉬이 아침이 오는 까닭이요,
내일 밤이 남은 까닭이요,
아직 나의 청춘이 다 하지 않은 까닭입니다.

별 하나에 추억과
별 하나에 사랑과
별 하나에 쓸쓸함과
별 하나에 동경과
별 하나에 시와
별 하나에 어머니, 어머니,

어머님, 나는 별 하나에 아름다운 말 한마디씩 불러봅
니다. 소학교 때 책상을 같이 했던 아이들의 이름과 패,
경, 옥, 이런 이국 소녀들의 이름과, 벌써 애기 어머니 된
계집애들의 이름과, 가난한 이웃 사람들의 이름과, 비둘
기, 강아지, 토끼, 노새, 노루, 프랑시스 잠, 라이너 마리
아 릴케 이런 시인의 이름을 불러 봅니다.

이네들은 너무나 멀리 있습니다.
별이 아스라이 멀듯이,

어머님,
그리고 당신은 멀리 북간도에 계십니다.

나는 무엇인지 그리워
이 많은 별빛이 내린 언덕 위에
내 이름자를 써 보고,
흙으로 덮어 버리었습니다.

딴은 밤을 새워 우는 벌레는
부끄러운 이름을 슬퍼하는 까닭입니다.

그러나 겨울이 지나고 나의 별에도 봄이 오면
무덤 위에 파란 잔디가 피어나듯이
내 이름자 묻힌 언덕 위에도
자랑처럼 풀이 무성할 게외다.

                              1941. 11. 5.

연희전문학교 재학 시절 쓴 시다. 일본은 조선 사람에게 창씨개명을 강요했다. 윤동주는 창씨개명을 혐오했으나 일본으로 유학을 떠나며 히라누마 도슈라는 이름으로 창씨개명을 하게 되어서 부끄러운 마음을 감출 수 없었다. 그래서 '내 이름자를 써 보고 흙으로 덮어 버리었습니다.'가 연상된다. 시의 말미를 보면, 다시 자랑스럽게 이름을 찾을 수 있는 봄을 그리워했음을 알 수 있다.

흰 그림자

황혼이 짙어지는 길모금에서
하루 종일 시든 귀를 가만히 기울이면
땅거미 옮겨지는 발자취 소리,

발자취 소리를 들을 수 있도록
나는 총명했던가요.

이제 어리석게도 모든 것을 깨달은 다음
오래 마음 깊은 곳에
괴로워하던 수많은 나를
하나, 둘 제 고장으로 돌려보내면
거리 모퉁이 어둠 속으로
소리 없이 사라지는 흰 그림자,

흰 그림자들
연연히 사랑하던 흰 그림자들,

내 모든 것을 돌려보낸 뒤
허전히 뒷골목을 돌아
황혼처럼 물드는 내 방으로 돌아오면

신념이 깊은 의젓한 양처럼
하루 종일 시름없이 풀포기나 뜯자.

1942.4.14

사랑스런 추억

봄이 오던 아침, 서울 어느 쪼그만 정차장에서 희망과
사랑처럼 기차를 기다려,

나는 플랫폼에 간신한 그림자를 떨어뜨리고, 담배를
피웠다.

내 그림자는 담배연기 그림자를 날리고,
비둘기 한 떼가 부끄러울 것도 없이
나래 속을 속 속 햇빛에 비춰 날았다.

기차는 아무 새로운 소식도 없이
나를 멀리 실어다 주어,

봄은 다 가고 — 동경 교외 어느 조용한 하숙방에서, 옛
거리에 남은 나를 희망과 사랑처럼 그리워한다.

오늘도 기차는 몇 번이나 무의미하게 지나가고,
오늘도 나는 누구를 기다려 정차장 가차운 언덕에서
서성거릴 게다.

— 아아 젊음은 오래 거기 남아 있거라.

1942.5.13.

흐르는 거리

으스름히 안개가 흐른다. 거리가 흘러 간다. 저 전차, 자동차, 모든 바퀴가 어디로 흘러 가는 것일까? 정박할 아무 항구도 없이, 가련한 많은 사람들을 싣고서, 안개 속에 잠긴 거리는,

거리 모퉁이 붉은 포스트 상자를 붙잡고 섰을라면 모든 것이 흐르는 속에 어렴풋이 빛나는 가로등, 꺼지지 않는 것은 무슨 상징일까? 사랑하는 동무 박이여! 그리고 김이여! 자네들은 지금 어디 있는가? 끝없이 안개가 흐르는데,

"새로운 날 아침 우리 다시 정답게 손목을 잡아보세" 몇 자 적어 포스트 속에 떨어뜨리고, 밤을 새워 기다리면 금휘장에 금단추를 삐었고 거인처럼 찬란히 나타나는 배달부, 아침과 함께 즐거운 내임來臨, 이 밤을 하염없이 안개가 흐른다.

삐다 : 꾸미다
내임 : 왕림

1942.5.12.

쉽게 씌워진 시

창밖에 밤비가 속살거려
육첩방은 남의 나라

시인이란 슬픈 천명인 줄 알면서도
한 줄 시를 적어 볼까

땀내와 사랑내 포근히 품긴
보내 주신 학비 봉투를 받아

대학 노트를 끼고
늙은 교수의 강의 들으러 간다.

생각해보면 어릴 때 동무를
하나, 둘, 죄다 잃어버리고

나는 무얼 바라
나는 다만, 홀로 침전하는 것일까?

인생은 살기 어렵다는데
시가 이렇게 쉽게 써지는 것은
부끄러운 일이다.

육첩방은 남의 나라
창밖에 밤비가 속살거리는데

등불을 밝혀 어둠을 조금 내몰고
시대처럼 올 아침을 기다리는 최후의 나,

나는 나에게 작은 손을 내밀어
눈물과 위안으로 잡는 최초의 악수.

1942.6.3.

 쉽게 씌워진 시를 읽으면, 시인이 릿교대학 교정을 거닐던 시절의 시를 느낄 수 있다. 육첩방은 남의 나라 라고 표현했는데 육첩방은 일본의 돗자리인 다다미를 여섯 장 깐 방을 말한다. 딱 그 정도의 방에서 살았다. 하숙집 위치는 도쿄 신주쿠구 다카다노바바 1초메에 있었다.

아우의 인상화

붉은 이마에 싸늘한 달이 서리어
아우의 얼굴은 슬픈 그림이다.

발걸음을 멈추어
살그머니 앳된 손을 잡으며

"너는 자라 무엇이 되려니"
"사람이 되지"
아우의 설흔, 진정코 설흔 대답이다.

슬며—시 잡았든 손을 놓고
아우의 얼굴을 다시 들여다 본다.

싸늘한 달이 붉은 이마에 젖어
아우의 얼굴은 슬픈 그림이다.

설흔 : 서러운
잡았든 : 잡았던

1938.9.15

위로

거미란 놈이 흉한 심보로 병원 뒤뜰 난간과 꽃밭 사이 사람 발이 잘 닿지 않는 곳에 그물을 쳐 놓았다. 옥외 요양을 받는 젊은 사나이가 누워서 치어다보기 바르게 —

나비가 한 마리 꽃밭에 날아들다 그물에 걸리었다. 노-란 날개를 파득거려도 파득거려도 나비는 자꼬 감기우기만 한다. 거미가 쏜살같이 가더니 끝없는 끝없는 실을 뽑아 나비의 온몸을 감아 버린다. 사나이는 긴 한숨을 쉬었다.

나이보담 무수한 고생 끝에 때를 잃고 병을 얻은 이 사나이를 위로할 말이—거미줄을 헝클어 버리는 것밖에 위로의 말이 없었다.

치어다보기 : 쳐다보기
자꼬 : 자꾸

1940.12.3.

간

바닷가 햇빛 바른 바위 우에
습한 간을 펴서 말리우자.
코카사쓰 산 중에서 도망해 온 토끼처럼
둘러리를 빙빙 돌며 간을 지키자,

내가 오래 기르든 여윈 독수리야!
와서 뜯어 먹어라 시름없이

너는 살지고
나는 여위어야지, 그러나,

거북이야!
다시는 용궁의 유혹에 안 떨어진다.

프로메테우스, 불상한 프로메테우스
불 도적한 죄로 목에 맷돌을 달고
끝없이 침전하는 프로메테우스.

1941.11.29.

참회록

파란 녹이 낀 구리 거울 속에
내 얼굴이 남아 있는 것은
어느 왕조의 유물이기에
이다지도 욕될까

나는 나의 참회의 글을 한 줄에 줄이자.
─만 이십사 년 일 개월을
무슨 기쁨을 바라 살아 왔든가

내일이나 모레나 그 어느 즐거운 날에
나는 또 한줄의 참회록을 써야 한다.
─그 때 그 젊은 나이에
왜 그런 부끄러운 고백을 했든가

밤이면 밤마다 나의 거울을
손바닥으로 발바닥으로 닦아보자.

그러면 어느 운석 밑으로 홀로 걸어가는
슬픈 사람의 뒷모양이
거울 속에 나타나온다.

1942.1.24.

이런 날

사이좋은 정문의 두 돌기둥 끝에서
오색기와 태양기가 춤을 추는 날
금을 그은 지역의 아이들이 즐거워하다.

아이들에게 하로의 건조한 학과學課로
해말간 권태가 깃들고
모순矛盾 두 자를 이해치 못하도록
머리가 단순하였구나.

이런 날에는
잃어버린 완고하던 형을
부르고 싶다.

1936.6.10.

창공

그 여름날
열정의 포푸라는
오려는 창공의 푸른 젖가슴을
어루만지려
팔을 펼쳐 흔들거렸다.
끓는 태양 그늘 좁다란 지점에서

천막같은 하늘 밑에서
떠들던 소나기
그리고 번개를
춤추던 구름은 이끌고
남방으로 도망하고
높다랗게 창공은 한폭으로
가지 우에 퍼지고
둥근 달과 기러기를 불러 왔다.

푸르른 어린 마음이 이상에 타고
그의 동경의 날 가을에
조락凋落의 눈물을 비웃다.

우에 : 위에

1935.10.20.

오후의 구장

늦은 봄 기다리던 토요일날
오후 세시 반의 경성행 열차는
석탄 연기를 자욱이 품기고
한몸을 끄을기에 강하던
공이 자력을 잃고
한모금의 물이
불붙는 목을 축이기에
넉넉하다.

젊은 가슴의 피 순환이 잦고
두 철각이 늘어진다.

검은 기차 연기와 함께
푸른 산이
아지랭이 저쪽으로
가라앉는다.

1936.5.

사랑의 전당

순아 너는 내 전殿에 언제 들어왔든 것이냐?
내사 언제 네 전에 들어갔든 것이냐?

우리들의 전당은
고풍한 풍습이 어린 사랑의 전당

순아 암사슴처럼 수정눈을 나려감어라.
난 사자처럼 엉크린 머리를 고루련다.
우리들의 사랑은 한낱 벙어리였다.

성스런 촛대에 열熱한 불이 꺼지기 전
순아 너는 앞문으로 내달려라.

어둠과 바람이 우리 창에 부닥치기 전
나는 영원한 사랑을 안은 채
뒷문으로 멀리 사라지련다.

이제 네게는 삼림 속의 아늑한 호수가 있고
내게는 험준한 산맥이 있다.

1938.

장

이른 아침 아낙네들은 시들은 생활을
바구니 하나 가득 담아 이고……
업고 지고……안고 들고……
모여드오, 자꾸 장에 모여드오.
가난한 생활을 골골이 벌여놓고
밀려 가고 밀려 오고……
저마다 생활을 외치오…… 싸우오.
왼하로 올망졸망한 생활을
되질하고 저울질하고 자질하다가
날이 저물어 아낙네들이
쓴 생활과 바꾸어 또 이고 돌아가오.

왼하로 : 종일
되질 : 됫박으로 분량 헤아림
자질 : 자로 물건은 잼

발문

강 처 중 (연희 전문 동기)

동주는 별로 말주변도 사귐성도 없었건만 그의 방에는 언제나 친구들이 가득 차 있었다. 아모리 바쁜 일이 있더라도 "동주 있나" 하고 찾으면 하던 일을 모두 내던지고 빙그레 웃으며 반가히 마조 앉아주는 것이었다.

"동주 좀 걸어보자구" 이렇게 산책을 청하면 싫다는 적이 없었다. 겨울이든 여름이든 밤이든 새벽이든 산이든 들이든 강까이든 아모런 때 아모데를 끌어도 선듯 따라 나서는 것이었다. 그는 말이 없이 묵묵히 걸었고 항상 그의 얼골은 침울하였다. 가끔 그러다가 외마디 비통한 고함을 잘 질렀다. "아-" 하고 나오는 외마디 소리! 그것은 언제나 친구들의 마음에 알지 못할 울분을 주었다.

"동주 돈 좀 있나" 옹색한 친구들은 곳잘 그의 넉넉지 못한 주머니를 노리었다. 그는 있고서 안 주는 법이 없었고 없으면 대신 외투든 시계든 내 주고야 마음을 놓았다. 그래서 그의 외투나 시계는 친구들의 손을 거쳐 전당포 나드리를 부즈런히 하였다.

이런 동주도 친구들에게 굳이 거부하는 일이 두가지 있었다. 하나는 "동주 자네 시 여기를 좀 고치면 어떤가" 하는데 대하여 그는 응하여 주는 때가 없었다. 조용히 열흘이고 한달이고 두달이고 곰곰이 생각하여서 한 편 시를 탄생시킨다. 그때 까지는 누구에게도 그 시를 보이지를 않는다. 이미 보여주는 때는 흠이 없는 하나의 옥이다. 지나치게 그는 겸허오(오)순하였건만, 사기의 시만은 양보하지를 안했다.

또 하나 그는 한 여성을 사랑하였다. 그러나 이 사랑을 그 여성에게도 친구들에게도 끝내 고백하지 안했다. 그 여성도 모르고 친구들도 모르는 사랑을 회답도 없고 돌아오지도 않는 사랑을 제 홀로 간직한 채 고민도 하면서 희망도 하면서…… 쑥스럽다 할까 어리석다 할까? 그러나 이제 와 고쳐 생각하니 이것은 하나의 여성에 대한 사랑이 아니라 이루어지지 않을 '또 다른 고향'에 대한 꿈이 아니었던가. 어쨋던 친구들에게 이것만은 힘써 감추었다.

그는 간도에서 나고 일본 복강(후꾸오까)에서 죽었다. 이역에서 나고 갔건만 무던이 조국을 사랑하고 우리말을 좋아 하더니— 그는 나의 친구기도 하려니와 그의 아잇적동무 송몽규와 함께 '독립운동'의 죄명으로 이년형을 받아 감옥에 들어 간 채 마침내 모진 악형에 쓰러지고 말았다. 그것은 몽규와 동주가 연전을 마치고 경도에 가서 대학생 노릇하던 중도의 일이었다.

"무슨 뜻인지 모르나 마지막 외마디 소리를 지르고 운명했지요. 짐작컨대 그 소리가 마치 조선독립만세를 부르는듯 느껴지더

군요."

이 말은 동주의 최후를 감시하던 일본인 간수가 그의 시체를 찾으러 복강 갔던 그 유족에게 전하여준 말이다. 그 비통한 외마디 소리! 일본 간수야 그 뜻을 알리만두 저도 그 소리에 느낀 바 있었나 보다. 동주 감옥에서 외마디소리로서 아조 가버리니 그 나이 스물아홉, 바로 해방되던 해다. 몽규도 그 며칠 뒤 따라 옥사하니 그도 재사였느니라. 그들의 유골은 지금 간도에서 길이 잠들었고 이제 그 친구들의 손을 빌어 동주의 시는 한 책이 되어 길이 세상에 전하여 지려한다.

불러도 대답 없을 동주 몽규었만 헛되나마 다시 부르고 싶은 동주! 몽규!

白石 詩集

사슴

2

백석 시

백석 시집 '사슴'

1936년

시집 '사슴'을 백석 시인이 직접 100부 한정판으로 간행한다.

발매 당시 백석 시집 가격은 2원이었다. 타 시집보다 2배 비싼 가격이었다. 당시 쌀 한 가마니에 13원이었다고 한다.

백석은 개인 시집을 '사슴' 외에는 내놓지 않았다. 이후 잡지, 신문 같은 정기 간행물에서 발표했다.

시인 윤동주는 판매되자마자 희귀본이 된 백석 시집을 구할 수 없어, 직접 빌려 필사했다는 일화는 유명하다.

전설을 말하다, 백석

백석은 평안북도 정주 방언을 즐겨 사용하였으며 시 언어 운용은 파격적인 느낌을 받을 정도로 훌륭했다.

백석은 1912년 7월 1일 평안북도 정주에서 출생하였다. 정주에 있는 오산보통학교와 오산고등보통학교를 졸업했다.

일본으로 건너가 도쿄 아오야마 학원을 졸업한 후, 조선일보사 출판부에 근무하였다. 거리를 걸으면 뛰어난 외모로 시선을 한 몸에 받았다. 1936년에 시집 '사슴'을 발표했다.

우리나라 특유의 토속적인 리듬을 수용하여 우리말의 아름다움을 구사하는 시로 현대시사에 시사하는 바가 컸다. 북한 소식통을 통해 그의 죽음이 알려졌다. 1996년에 북한에서 사망했다.

1936년에 조선일보와 조광朝光에 발표한 7편의 시에, 새로 선보이는 26편의 시를 보태어 시집 '사슴'을 당시 경성부 통의동에서 자비로 출간했다.

본서에서는 100부 한정판으로 제공되던 백석 시집과 정기 간행물에 발표된 중요 시들을 모았으며, 가급적 가독성 있게 읽을 수 있도록 평역하였다.

금서였던 '백석 시집' 필사하기

백석은 광복 후 자신의 고향 평안북도 정주로 돌아갔기에 대한민국 정부는 그를 월북작가로 명명하고 그의 시집을 금서로 지정했다.

긴 세월 전설적인 시인이 존재했었는데 월북했다는 사실만 알려졌다. 1987년 월북작가 해금 조치로 후배 작가와 평론가들에 의해 활발히 소개되었다. 우리 편집부는 백석 시집 '사슴' 100부 한정판을 현대어로 평역한 평역본을 출간했고 이어서 필사할 수 있도록 이 책을 기획했다.

본서에서는 초판본에 실렸던 시집 '사슴'을 발췌했으며, 그의 대표작으로 꼽히는 시들을 엮었다. 시집이 출간되는 계절은 아름다운 나날로 계속되었다.

봄여름가을 그리고 겨울, 시인의 주옥같은 시를 필사하며 그가 즐겨 걸었던 서울 종로 거리를 산보한다면, 지난한 일들을 정리하고 시원하게 휴일을 보내는 방법이다. 필사를 권한다.

가즈랑집

승냥이가 새끼를 치는 전에는 쇠망치 든 도적이 났다는 가즈랑 고개

가즈랑집은 고개 밑의
산 너머 마을서 돼지를 잃는 밤 짐승을 쫓는 깽제미 소리가 무섭게 들려오는 집
닭 개 짐승을 못 놓는
멧돼지와 이웃사촌을 지내는 집

예순이 넘은 아들 없는 가즈랑집 할머니는 중같이 정淨해서 할머니가 마을을 가면 긴 담뱃대에 독하다는 막써레기를 몇 대라도 붙이라고 하며
간밤엔 섬돌 아래 승냥이가 왔었다는 이야기
어느메 산골에선가 곰이 아이를 본다는 이야기

가즈랑 : 고개 이름
깽제미 : 꽹과리처럼 놋그릇 두 개 부딪져 소리를 내 짐승을 쫓는다
정해서 : 정淨은 맑을 정자를 의미한다. 깨끗한 육신
막써레기 : 담배이파리를 썰어놓은 것.

나는 돌나물김치에 백설기를 먹으며
  옛말의 귀신집에 있는 듯이
  가즈랑집 할머니
  내가 날 때 죽은 누이도 날 때
  무명필에 이름을 써서 백지 달아서 구신간시렁의 당즈
깨에 넣어 대감님께 수양을 들였다는 가즈랑집 할머니
  언제나 병을 앓을 때면
  신장님 단련이라고 하는 가즈랑집 할머니
  귀신의 딸이라고 생각하면 슬퍼졌다

  토끼도 살이 오른다는 때 아르대즘퍼리에서 제비꼬리
마타리 쇠조지 가지취 고비 고사리 두릅순 회순 산나물
을 하는 가즈랑집 할머니를 따르며

구신간시렁 : 귀신을 모셔놓은 곳 시렁.
당즈깨 : 도시락 평북 방언.
수양 : 데려다 기르는 자식
신장님 : 힘이 쎈 장수 귀신
아르대 즘퍼리 : 아르대는 아래쪽을 의미, 즘퍼리는 축축 젖은 땅
제비꼬리 : 제비꼬리고사리, 뿌리줄기는 옆으로 뻗으며 잎은 길고 깃 조각
은 꼬리처럼 길게 뾰족하다.
쇠조지 : 식용 산나물
가지취 : 참취나물

나는 벌써 달디단 물구지우림 둥굴레우림을 생각하고
　　아직 멀은 도토리묵 도토리범벅까지도 그리워한다

　　뒤울안 살구나무 아래서 광살구를 찾다가
　　살구 벼락을 맞고 울다가 웃는 나를 보고
　　밑구멍에 털이 몇 자나 났나 보자고 한 것은 가즈랑집 할머니다
　　찰복숭아를 먹다가 씨를 삼키고는 죽는 것만 같아 하루종일 놀지도 못하고 밥도 안 먹은 것도
　　가즈랑집에 마을을 가서
　　당세 먹은 강아지같이 좋아라고 집오래를 설레다가였다

물구지우림 : 무릇의 뿌리를 물에 우려내서 엿처럼 고아낸 것을 말함
둥굴레우림: 둥굴레 뿌리를 여러 날 물에 담가 풀물을 우려낸 것을 말함
광살구 : 너무 익어 저절로 떨어진 살구
뒤울안 : 집 뒤 울타리 안
당세 당수 : 곡식을 물에 불려 간 가루나 마른 메밀 가루에 술을 조금 넣고 물을 부어 미음 같이 쑨 것.
집오래 : 집 근처
설레다 : 가만히 있지 아니하고 움직이다

여우난골족

　명절날 나는 엄매 아배 따라 우리집 개는 나를 따라 친할머니 친할아버지가 있는 큰집으로 가면

　얼굴에 별자국이 솜솜 난 말할 때 마다 눈도 껌벅거리는 하루에 베 한 필을 짠다는 벌 하나 건너 집엔 복숭아 나무가 많은 신리新里 고모 고모의 딸 이녀李女 작은 이녀李女
　열여섯에 사십이 넘은 홀아비의 후처가 된 포족족하니 성이 잘 나는 살빛이 매감탕 같은 입술과 젖꼭지는 더 까만 예수쟁이 마을 가까이 사는 토산 고모 고모의 딸 승承녀 아들 승承동이
　육십리六十里라고 해서 파랗게 보이는 산 너머 있다는 해변에서 과부가 된 코 끝이 빨간 언제나 흰옷이 정하든 말 끝에 서럽게 눈물을 짤 때가 많은 큰골 고모 고모의 딸 홍녀洪女 아들 홍洪동이 작은 홍洪동이

　이녀 : 이녀, 승녀, 홍녀, 홍동이 등은 평북 지방에서 아이들 애칭이다. 아버지가 홍가일 경우 아들 아이는 홍동이, 딸아이는 홍녀라고 호명한다
　오리치 : 동그란 갈고리 모양으로 된 오리 잡는 도구

배나무접을 잘하는 주정을 하면 토방돌을 뽑는 오리치를 잘 놓는 먼섬에 밴댕이젓 담그러 가기를 좋아하는 삼촌 삼촌엄마 사촌누이 사촌동생들이 그득히들 할머니 할아버지가 있는 안간에들 모여서 방안에서는 새옷의 내음새가 나고

또 인절미 송구떡 콩가루찰떡의 내음새도 나고 끼때의 두부와 콩나물과 볶은 잔대와 고사리와 돼지 비게는 모두 선득선득하니 찬 것들이다

저녁술을 놓은 아이들은 외양간 옆 밭마당에 달린 배나무동산에서 쥐잡이를 하고 숨바꼭질을 하고 꼬리잡기를 하고 가마 타고 시집가는 놀음 말타고 장가가는 놀음을 하고 이렇게 밤이 어둡도록 북적하니 논다

밤이 깊어가는 집안엔 엄매는 엄매들끼리 아랫간에서들 웃고 이야기하고 아이들은 아이들끼리 윗간 한 방을 잡고 조아질하고 쌈방이 굴리고 바리깨돌림하고 호박떼기하고 제비손이구손이하고 이렇게 화디의 사기등잔에 심지를 몇 번이나 돋구고 홍게닭이 몇 번이나 울어서 졸음이 오면 아랫목 싸움 자리싸움을 하며 히드득거리다

송구떡 : 송진을 우려낸 후 두들겨서 솜 같이 만든 것을 섞어 만든 떡
잔대 : 산야에서 자라는 높이 40~120센티미터의 여러해살이 풀로 연한 뿌리는 식용한다. 더덕과 닮았다

잠이 든다 그래서는 문창에 텅납새의 그림자가 치는 아침 시누이 동서들이 북적대며 흥성거리는 부엌으론 샛문틈으로 장지문틈으로 무이징게국을 끓이는 맛있는 내음새가 올라오도록 잔다

　조아질 : 공기 놀이
　쌈방이 굴리고 : 쌈방이라는 주사위의 일종으로 평북 지방 토속적인 풍물을 굴리면서 노는 것
　바리깨돌림 : 주발 뚜껑을 돌리며 노는 것
　호박떼기 : 보통 남한에서는 수박떼기, 수박따기라고 불렀다. 앞 사람의 허리를 잡고 한 줄로 늘어앉아서 하는 놀이. 호박 또는 수박 따는 할멈과 호박 지키는 할멈을 정해 놓고 서로 노래를 주고받으며 제일 뒤에 붙어 있는 호박 아이를 하나씩 딴다. 꼬리 호박인 아이가 떨어지지 않으려고 앞 아이의 허리를 끌어안으면 할멈은 간지럼을 타서 호박을 딴다. 마지막 호박까지 다 따면 놀이는 끝난다.
　제비손이구손이 : 마주 앉아 서로 다리를 끼고 다리를 세며 부른다. 노랫말은 지역마다 다르다.
　화디 : 등잔을 얹어놓는 기구, 등대의 평북 방언
　홍게닭 : 새벽닭
　텅납새 : 처마의 안쪽 지붕 평안 방언
　무이징게국 : 새우에 무를 썰어넣어 끓인 국. 무이는 무를 말하며 징게는 새우를 말한다.

고방

 낡은 질동이에는 갈 줄 모르는 늙은 집난이같이 송구떡이 오래도록 남아 있었다

 오지항아리에는 삼촌이 밥보다 좋아하는 찹쌀탁주가 있어서
 삼촌의 흉내를 내어가며 나와 사촌은 시큼털털한 술을 잘도 채어 먹었다

 제삿날이면 귀머거리 할아버지 가에서 왕밤을 까고 싸리 꼬치에 두부산적을 꿰었다

 손자 아이들이 파리떼같이 모이면 곰의 발 같은 손을 언제나 내어둘렀다

 구석의 나무말쿠지에 할아버지가 삼는 소신 같은 짚신이 두둑히 걸리어도 있었다

 옛말이 사는 컴컴한 고방의 쌀독 뒤에서 나는 저녁 끼 때에 부르는 소리를 듣고도 못 들은 척하였다

고방 : 광 / 질동이 : 질흙을 구워 만든 동이 / 집난이 : 시집간 딸

송구떡 : 소나무 속껍질을 우려낸 엷은 분홍색의 떡으로 봄철 단오에 많이 먹음
오지항아리 : 흙으로 초벌 구운 위에 오짓물을 입힌 갈색 항아리
나무말쿠지 : 벽에 붙은 나무로 만든 옷걸이

모닥불

새끼 오리도 헌신짝도 소똥도 갓신창도 개이빨도 너울쪽도 짚검불도 가락잎도 머리카락도 헝겊 조각도 막대꼬치도 기왓장도 닭의 깃도 개 터럭도 타는 모닥불

재당도 초시도 문장門長 늙은이도 더부살이 아이도 새사위도 새사둔도 나그네도 주인도 할아버지도 손자도 붓장사도 땜쟁이도 큰개도 강아지도 모두 모닥불을 쪼인다

모닥불은 어려서 우리 할아버지가 어미아비 없는 서러운 아이로 불상하니도 몽동발이가 된 슬픈 역사가 있다

갓신창 : 부서진 갓에서 나온 말총으로 된 질긴 끈
재당 : 향촌 어르신
초시 : 초시에 합격한 사람
몽동발이 : 딸려있던 것들이 불에 타버려 몽둥아리만 남은 상태

고야古夜

 아배는 타관 가서 오지 않고 산비탈 외딴 집에 엄매와 나와 단둘이서 누가 죽이는 듯이 무서운 밤 집 뒤로는 어느 산골짜기에서 소를 잡아먹는 노나리꾼들이 도적놈들같이 쿵쿵거리며 다닌다

 날기멍석을 져간다는 닭보는 할미를 차 굴린다는 땅 아래 고래 같은 기와집에는 언제나 인절미에 꿀에 은금보화가 그득하다는 외발 가진 난장이 뒷산 어느메도 난장이네 나라가 있어서 오줌 누러 깨는 깊은 밤 머리맡의 문살에 대인 유리창으로 난장이 군병의 새까만 대가리 새까만 눈알이 들여다보는 때 나는 이불 속에 자즈러불어 숨도 쉬지 못한다

 또 이러한 밤 같은 때 시집갈 처녀 막내 고모가 고개 너머 큰집으로 치장감을 가지고 와서 엄매와 둘이 소기름에 쌍심지의 불을 밝히고 밤이 들도록 바느질을 하는 밤 같은 때 나는 아랫목의 삿귀를 들고 쇠든 밤을 내여 다람쥐처럼 발라먹고 은행 열매를 인두불에 구워도 먹고 그러다는 이불 위에서 광대넘이를 뒤이고 또 누워 굴면서 엄매에게 윗목에 두른 평풍의 새빨간 천도복숭아의 이야기를 듣기도 하고 고모 더러는 밝은 날 멀리는 못 난다는 메추라기를 잡어달라고 조르기도 하고

노나리꾼 : 소 도살꾼
날기멍석 : 낟알을 널어 말릴 때 쓰는 멍석, 날기는 낟알의 평남 방언

내일 같이 명절날인 밤은 부엌에 환하게 불이 밝고 솥뚜껑이 놀으며 구수한 내음새 곰국이 무르끓고 방안에서는 일가집 할머니가 와서 마을의 소문을 펴며 조개송편에 달송편에 죈두기송편에 떡을 빚는 곁에서 나는 밤소 팥소 설탕 든 콩가루소를 먹으며 설탕 든 콩가루소가 가장 맛있다고 생각한다
 나는 얼마나 반죽을 주무르며 흰가루손이 되어 떡을 빚고 싶은지 모른다

 섣달에 냅일날이 들어서 냅일날 밤에 눈이 오면 이 밤엔 쌔하얀 할미귀신의 눈귀신도 냅일눈을 받노라 못 난다는 말을 든든히 여기며 엄매와 나는 아궁이 위에 떡돌 위에 곱새담 위에 함지에 버치며 큰 양푼을 놓고 치성이나 드리듯이 정淨한 마음으로 냅일눈 약눈을 받는다
 이 눈세기물을 냅일물이라고 제주병에 진상항아리에 채워두고는 해를 묵여가며 고뿔이 와도 배앓이를 해도 갑피기를 앓어도 먹을 물이다

    샷귀 : 갈대를 엮어 만든 자리
    광대넘이를 뒤이고 : 물구나무를 섰다 뒤집고
    쇠든 밤: 말라서 생기 없어진 밤
    냅일날 : 납일. 동지 뒤 셋째 미일. 음력으로 연말 무렵이 되는 날 나라에서 종묘와 사직에 제사를 올렸고 민간에서도 여러 신에게 제사를 지냈다 / 냅일눈 : 납일에 내리는 눈, 눈을 받아 녹인 납설수는 약용으로 씀
    곱새담 : 풀 또는 짚으로 엮어서 만든 담
    버치 : 자배기보다 조금 깊고 아가리가 벌어진 큰 그릇

눈세기물 : 눈 섞인 물의 평안 방언 / 진상항아리 : 가장 소중한 항아리
갑피기 : 이질의 평북 방언

오리 망아지 토끼

오리치를 놓으려 아배는 논으로 내려간 지 오래다
 오리는 동비탈에 그림자를 떨어트리며 날아가고 나는 동말랭이에서 강아지처럼 아배를 부르며 울다가
 시악이 나서는 등뒤 개울물에 아배의 신짝과 버선목과 대님오리를 모다 던져 버린다

 장날 아침에 앞 행길로 엄지 따라 지나가는 망아지를 내라고 나는 조르면
 아배는 행길을 향해서 크다란소리로
 ㅡ매지야 오나라
 ㅡ매지야 오나라

 새하러 가는 아배의 지게에 지워 나는 산으로 가며 토끼를 잡으리라고 생각한다
 맞구멍난 토끼굴을 아배와 내가 막아서면 언제나 토끼 새끼는 내 다리 아래로 달아났다
 나는 서글퍼서 울상을 한다

오리치 : 오리를 잡으려고 만든 그물.
동말랭이 : 논에 물이 흘러 들어가는 도랑 둑.
시악 : 심술 / 매지 : 망아지 / 새하다 : 나무하다, 땔감 장만

하답夏畓

짝새가 발 뿌리에서 날은 논두렁에서 아이들은 개구리의 뒷다리를 구어먹었다

게구멍을 쑤시다 물쿤하고 배암을 잡은 늪의 피 같은 물이끼에 햇볕이 따가웠다

돌다리에 앉아 날버들치를 먹고 몸을 말리는 아이들은 물총새가 되었다

짝새 : 뱁새

주막

  호박잎에 싸오는 붕어곰은 언제나 맛있었다

  부엌에는 빨갛게 길들은 팔모알상이 그 상 위엔 새파란 싸리를 그린 눈알만한 잔이 보였다

  아들 아이는 범이라고 잔고기를 잘 잡는 앞니가 뻐드러진 나와 동갑이었다

  울파주 밖에는 장꾼들을 따라와서 엄지의 젖을 빠는 망아지도 있었다

붕어곰 : 적당히 구운 붕어
팔모알상 : 테두리가 팔각인 상
잔고기 : 작은 물고기
울파주 : 울바자의 평북 방언. 대, 갈대, 수수깡, 싸리 등을 발처럼 엮은 울타리
엄지 : 짐승 어미

추일산조 秋日山朝

　아침볕에 섶구슬이 한가로히 익는 골짜기에서 꿩은 울어 산울림과 장난을 한다

산마루를 탄 사람들은 새꾼들인가
파란 하늘에 떨어질 것같이
웃음소리가 더러 산밑까지 들린다

순례巡禮중이 산을 올라간다
어젯밤은 이 산 절에 재齋가 들었다

무리돌이 굴러나리는 건 중의 발꿈치에선가

섶구슬 : 풀잎에 맺힌 이슬
새꾼 : 나무꾼
무리돌 : 돌 여러 개

여승

여승은 합장하고 절을 했다
가지취의 내음새가 났다
쓸쓸한 낯이 옛날같이 늙었다
나는 불경처럼 서러워졌다

평안도의 어느 산 깊은 금덤판
나는 파리한 여인에게서 옥수수를 샀다
여인은 나어린 딸아이를 따리며 가을밤 같이 차게 울었다

섭벌 같이 나아간 지아비 기다려 십 년이 갔다
지아비는 돌아오지 않고
어린 딸은 도라지꽃이 좋아 돌무덤으로 갔다

산꿩도 섧게 울은 슬픈 날이 있었다
산절의 마당귀에 여인의 머리올이 눈물방울과 같이 떨어진 날이 있었다

가지취 : 참취나물
금덤판 : 금전판, 금을 캐거나 파는 산골의 장소로 간이 식료품 등 잡품을 파는 곳
섭벌 : 꿀벌

수라修羅

거미새끼 하나 방바닥에 나린 것을 나는 아무 생각 없이 문밖으로 쓸어버린다
차디찬 밤이다

어니젠가 새끼거미 쓸려나간 곳에 큰거미가 왔다
나는 가슴이 짜릿한다
나는 또 큰거미를 쓸어 문밖으로 버리며
찬 밖이라도 새끼 있는 데로 가라고 하며 서러워한다

이렇게 해서 아린 가슴이 싹기도 전이다
어디서 좁쌀알만한 알에서 갓 깨인 듯한 발이 채 서지도 못한 무척 작은 새끼 거미가 이번엔 큰 거미 없어진 곳으로 와서 아물거린다
나는 가슴이 메이는 듯하다
내 손에 오르기라도 하라고 나는 손을 내미나 분명히 울고불고할 이 작은 것은 내가 무서워 달어나버리며 나를 서럽게 한다
나는 이 작은 것을 고이 보드러운 종이에 받어 또 문밖으로 버리며
이것의 엄마와 누나나 형이 가까이 이것의 걱정을 하며 있다가 쉬이 만나기나 했으면 좋으련만 하고 슬퍼한다

수라 : 안정을 찾지 못한 상태, 큰 혼란에 빠진 세상
싹기도 : 흥분이 가라앉기도

통영

옛 날엔 통제사가 있었다는 낡은 항구의 처녀들에겐 옛 날이 가지 않은 천희千姬라는 이름이 많다
미역줄기같이 말라서 굴껍질처럼 말없이 사랑하다 죽는다는
이 천희千姬의 하나를 나는 어느 오랜 객주 집의 생선 가시가 있는 마루방에서 만났다
저문 유월의 바닷가에선 조개도 울을 저녁 소라등잔이 불그레한 마당에 김냄새 나는 비가 나렸다

천희 : 시집 안 간 처녀

오금덩이라는 곳

 어스름 저녁 국수당 돌각담의 수무나무 가지에 녀귀의 탱을 걸고 나물매 갖추어 놓고 비난수를 하는 젊은 새악시들
 ―잘 먹고 가라 서리서리 물러가라 네 소원 풀었으니 다시 침노 말아라

 벌개늪녘에서 바리깨를 뚜드리는 쇳소리가 나면 누가 눈을 앓어서 부증이 나서 찰거머리를 부르는 것이다
 마을에서는 피멍이 든 눈시울에 저린 팔다리에 거머리를 붙인다

 여우가 우는 밤이면
 잠없는 노친네들은 일어나 팥을 쓸며 방뇨를 한다
 여우가 주둥이를 향하고 우는 집에서는 다음날 으레히 흉사가 있다는 것은 얼마나 무서운 말인가

> 국수당 : 마을 수호신을 모신 곳 또는 서낭당
> 녀귀 : 여자 귀신 / 탱 : 얼굴이나 모습을 그린 그림
> 나물매 : 나물과 밥 / 비난수 : 원혼을 달래는 행위
> 서리서리 : 똬리를 틀며 둥글게 감아 올리는 모양, 사리다라고도 함
> 벌개늪 : 빨간 이끼가 덮여 있는 오래된 늪
> 바리께 : 놋쇠 밥그릇 뚜껑
> 부증 : 혈액 순환 부족으로 몸이 퉁퉁 붓는 병. 부종이라고도 부른다

가키사키柿崎의 바다

저녁밥 때 비가 들어서
바다엔 배와 사람이 흥성하다

참대창에 바다보다 푸른 고기가 께우며 섬돌에 곱조개가 붙는 집의 복도에서는 배창에 고기 떨어지는 소리가 들렸다

이즉하니 물기에 누긋이 젖은 왕구새자리에서 저녁상을 받은 가슴 앓는 사람은 참치회를 먹지 못하고 눈물겨웠다

어득한 기슭의 행길에 얼굴이 해쓱한 처녀가 새벽달같이
아 아즈내인데 병인病人은 미역 냄새 나는 덧문을 닫고 버러지같이 누었다

가키사키 : 시기, 일본 이즈반도 최남단 항구
이즉하니 : 밤이 깊으니 / 아즈내 : 초저녁

정문촌旌門村

주홍칠이 낡은 정문旌門이 하나 마을 어구에 있었다

'효자노적지지정문孝子盧迪之之旌門' — 먼지가 겹겹이 앉은 목각의 액額에
 나는 열 살이 넘도록 갈지자字 둘을 읽었다

 아카시아꽃의 향기가 가득하니 꿀벌들이 많이 날아드는 아침
 귀신은 없고 부엉이가 담벽을 띠고 죽었다

 기왓골에 배암이 푸르스름히 빛난 달밤이 있었다
 아이들은 족제비 같이 먼길을 돌았다

 정문집 가난이는 열다섯에
 늙은 말꾼한테 시집을 갔겄다

 정문旌門 : 충신, 효자, 열녀 등을 표창하고자 그의 집 앞이나 마을 앞에 새우던 문
 띠고 : 뾰족한 부리로 쳐서 찍고

여우난골

박을 삶는 집
할아버지와 손자가 오른 지붕 위에 하늘빛이 진초록이다
우물의 물이 쓸 것만 같다

마을에서는 삼굿을 하는 날
건넌마을서 사람이 물에 빠져 죽었다는 소문이 왔다

노란 싸릿잎이 한불 깔린 토방에 햇츩방석을 깔고 나는 호박떡을 맛있게도 먹었다

어치라는 산새는 벌배 먹어 고흡다는 골에서 돌배 먹고 앓던 배를 아이들은 띨배 먹고 나았다고 하였다

한불 : 많이 쌓인 상태
벌배 : 야생에서 자란 배

삼방三防

 갈부던 같은 약수터의 산거리엔 나무그릇과 다래 나무 지팡이가 많다

 산너머 십오리十五里서 나무뒝치 차고 싸리신 신고 산비에 촉촉이 젖어서 약물을 받으러 오는 두멧아이들도 있다

 아랫마을에서는 애기무당이 작두를 타며 굿을 하는 때가 많다

갈부던 : 갈잎 장신구
뒝치 : 뒤웅박

남신의주 유동 박시봉방

어느 사이에 나는 아내도 없고, 또,
아내와 같이 살던 집도 없어지고,
그리고 살뜰한 부모며 동생들과도 멀리 떨어져서,
그 어느 바람 세인 쓸쓸한 거리 끝에 헤매이었다.
바로 날도 저물어서
바람은 더욱 세게 불고, 추위는 점점 더해 오는데,
나는 어느 목수네 집 헌 삿을 깐,
한 방에 들어서 쥔을 붙이었다.
이리하여 나는 이 습내 나는 춥고, 누긋한 방에서,
 낮이나 밤이나 나는 나 혼자도 너무 많은 것 같이 생각하며,
 딜옹배기에 북덕불이라도 담겨 오면,
 이것을 안고 손을 쬐며 재 위에 뜻 없이 글자를 쓰기도 하며,
 또 문 밖에 나가지두 않고 자리에 누워서,
 머리에 손깍지 베개를 하고 구르기도 하면서,
 나는 내 슬픔이며 어리석음이며를 소처럼 연하여 쌔김질 하는 것이었다.
 내 가슴이 꽉 메어 올 적이며,
 내 눈에 뜨거운 것이 핑 괴일 적이며,
 또 내 스스로 화끈 낯이 붉도록 부끄러울 적이며,
 나는 내 슬픔과 어리석음에 눌리어 죽을 수밖에 없는 것을 느끼는 것이었다.

그러나 잠시 뒤에 나는 고개를 들어,
허연 문창을 바라보든가 또 눈을 떠서 높은 천정을 쳐다보는 것인데,
이때 나는 내 뜻이며 힘으로, 나를 이끌어 가는 것이 힘든 일인 것을 생각하고,
이것들보다 더 크고, 높은 것이 있어서, 나를 마음대로 굴려 가는 것을 생각하는 것인데,
이렇게 하여 여러 날이 지나는 동안에,
내 어지러운 마음에는 슬픔이며, 한탄이며, 가라앉을 것은 차츰 앙금이 되어 가라앉고,
외로운 생각만이 드는 때쯤 해서는,
더러 나줏손에 쌀랑쌀랑 싸락눈이 와서 문창을 치기도 하는 때도 있는데,
나는 이런 저녁에는 화로를 더욱 다가 끼며, 무릎을 꿇어 보며,
어니 먼 산 뒷옆에 바위 옆에 따로 외로이 서서,
어두워 오는데 하이야니 눈을 맞을, 그 마른 잎새에는,
쌀랑쌀랑 소리도 나며 눈을 맞을,
그 드물다는 굳고 정한 갈매나무라는 나무를 생각하는 것이었다.

남신의주 유동 박시봉방 : 남신의주 유동에 사는 박시봉 씨네
샷 : 갈대를 엮어서 만든 자리 / 쥔을 붙이었다 : 주인집에 세 들다
딜옹배기 : 질그릇 치고 매우 작은 것
북덕불 : 짚 풀 뭉텅이 태우는 불 / 나줏손 : 저녁 무렵

흰 바람벽이 있어

오늘 저녁 이 좁다란 방의 흰 바람벽에
어쩐지 쓸쓸한 것만이 오고간다
이 흰 바람벽에
희미한 십오촉十五燭 전등이 지치운 불빛을 내어던지고
때 쩔은 다 낡은 무명샤쯔가 어두운 그림자를 쉬이고
그리고 또 달디단 따끈한 감주나 한잔 먹고 싶다고 생각하는 내 가지가지 외로운 생각이 헤매인다
그런데 이것은 또 어인 일인가
이 흰 바람벽에
내 가난한 늙은 어머니가 있다
내 가난한 늙은 어머니가
이렇게 시퍼러둥둥하니 추운 날인데 차디찬 물에 손은 담그고 무며 배추를 씻고 있다
또 내 사랑하는 사람이 있다
내 사랑하는 어여쁜 사람이
어느 먼 앞대 조용한 개포가의 나즈막한 집에서
그의 지아비와 마주 앉아 대구국을 끓여놓고 저녁을 먹는다

바람벽 : 방 옆을 막은 둘레 벽 / 앞대 : 저 멀리 남쪽
개포 : 개라고도 하고 강이나 내에 바닷물이 드나드는 곳

벌써 어린것도 생겨서 옆에 끼고 저녁을 먹는다
그런데 또 이즈막하야 어느사이엔가
이 흰 바람벽엔
내 쓸쓸한 얼굴을 쳐다보며
이러한 글자들이 지나간다
— 나는 이 세상에서 가난하고 외롭고 높고 쓸쓸하니 살어가도록 태어났다
그리고 이 세상을 살아가는데
내 가슴은 너무도 많이 뜨거운 것으로 호젓한 것으로 사랑으로 슬픔으로 가득찬다
그리고 이번에는 나를 위로하는 듯이 나를 울력하는 듯이 눈질을 하며 주먹질을 하며 이런 글자들이 지나간다
— 하늘이 이 세상을 내일적에 그가 가장 귀해하고 사랑하는 것들은 모두
가난하고 외롭고 높고 쓸쓸하니 그리고 언제나 넘치는 사랑과 슬픔 속에 살도록 만드신 것이다
초생달과 바구지꽃과 짝새와 당나귀가 그러하듯이
그리고 또 '프랑시쓰 쨈'과 '도연명'과 '라이넬 마리아 릴케'가 그러하듯이

이즈막 : 얼마 전부터 이제까지 이르는 가까운 때

나와 나타샤와 흰 당나귀

가난한 내가
아름다운 나타샤를 사랑해서
오늘밤은 푹푹 눈이 나린다

나타샤를 사랑은 하고
눈은 푹푹 날리고
나는 혼자 쓸쓸히 앉어 소주를 마신다
소주를 마시며 생각한다
나타샤와 나는
눈이 푹푹 쌓이는 밤 흰 당나귀를 타고
산골로 가자 출출이 우는 깊은 산골로 가 마가리에 살자

눈은 푹푹 나리고
나는 나타샤를 생각하고
나타샤가 아니 올 리 없다
언제 벌써 내 속에 고조곤히 와 이야기한다

산골로 가는 것은 세상한테 지는 것이 아니다
세상 같은 건 더러워 버리는 것이다

눈은 푹푹 나리고
아름다운 나타샤는 나를 사랑하고
어데서 흰 당나귀도 오늘밤이 좋아서 응앙응앙 울을
것이다

마가리 : 오두막
고조곤히 : 고요히

팔원八院 - 서행시초 3

차디찬 아침인데
묘향산행 승합자동차는 텅하니 비어서
나이 어린 계집아이 하나 오른다
옛말속같이 진진초록 새 저고리를 입고
손잔등이 밭고랑처럼 몹시도 터졌다
계집아이는 자성慈城으로 간다고 하는데
자성은 여기서 삼백오십리 묘향산 백오십리
묘향산 어디메서 삼춘이 산다고 한다
쌔하얗게 얼은 자동차 유리창 밖에
내지인內地人 주재소장駐在所長 같은 어른과 어린아이
둘이 배웅 한다
계집아이는 운다 느끼며 운다
텅 빈 차 안 한구석에서 어느 한 사람도 눈을 씻는다
계집아이는 몇 해고 내지인 주재소장 집에서
밥을 짓고 걸레를 치고 아이를 돌보면서
이렇게 추운 아침에도 손이 꽁꽁 얼어서
찬물에 걸레를 쳤을 것이다

국수

눈이 많이 와서
산엣새가 벌로 나려 멕이고
눈구덩이에 토끼가 더러 빠지기도 하면
마을에는 그 무슨 반가운 것이 오는가 보다
한가한 애동들은 어둡도록 꿩사냥을 하고
가난한 엄매는 밤중에 김치가재미로 가고
마을을 구수한 즐거움에 사서 은근하니 흥성흥성 들뜨게 하며
이것은 오는 것이다
이것은 어느 양지귀 혹은 능달쪽 외따른 산 옆 언저리예데가리밭에서
하룻밤 뽀오얀 흰김 속에 접시귀 소기름불이 뿌우연 부엌에
산멍에 같은 분틀을 타고 오는 것이다
이것은 아득한 옛날 한가하고 즐겁던 세월로부터
실 같은 봄비 속을 타는 듯한 여름볕 속을 지나서 들쿠레한 구시월 갈바람 속을 지나서
대대로 나며 죽으며 죽으며 나며 하는 이 마을 사람들의 으젓한 마음을 지나서 텁텁한 꿈을 지나서

벌 : 넓고 평평한 땅 / 멕이고 : 활발히 움직이고
애동 : 한창 피어나는 청춘 / 산명에 : 이무기
분틀 : 국수틀 / 예대가리밭 : 산 꼭대기에 있는 밭

지붕에 마당에 우물둔덩에 함박눈이 푹푹 쌓이는 어느 하룻밤
　아배 앞에 그 어른 아들 앞에 아배 앞에는 왕사발에 아들 앞에는 새끼사발에 그득히 사리워오는 것이다
　이것은 그 곰의 잔등에 업혀서 길여났다는 먼 옛적 큰마니가
　또 그 집등색이에 서서 재채기를 하면 산넘엣 마을까지 들렸다는
　먼 옛적 큰 아바지가 오는 것 같이 오는 것이다

　아, 이 반가운 것은 무엇인가
　이 히수무레하고 부드럽고 수수하고 심심한 것은 무엇인가
　겨울밤 쩡하니 익은 동치미국을 좋아하고 얼얼한 고춧가루를 좋아하고 싱싱한 산꿩의 고기를 좋아하고
　그리고 담배 내음새 식초 내음새 또 수육을 삶는 육수국 내음새 자욱한 더북한 삿방 쩔쩔 끓는 아랫목을 좋아하는 이것은 무엇인가

　이 조용한 마을과 이 마을의 으젓한 사람들과 살뜰하니 친한 것은 무엇인가
　이 그지없이 고담枯淡하고 소박한 것은 무엇인가

들쿠레한 : 조금 달고 구수한, 들큼한 / 큰마니 : 할머니
고담하고 : 속되지 않고 맑은 느낌

바다

바닷가에 왔더니
바다와 같이 당신이 생각만 나는 구려
바다와 같이 당신을 사랑하고만 싶구려

구부정하고 모래톱을 오르면
당신이 앞선 것만 같구려
당신이 뒤선 것만 같구려

그리고 지중지중 물가를 거닐면
당신이 이야기를 하는 것만 같구려
당신이 이야기를 끊은 것만 같구려

바닷가는
개지꽃에 개지 아니 나오고
고기 비늘에 하이얀 햇볕만 쇠리쇠리하야
어쩐지 쓸쓸하구려 서럽기만 하구려

지중지중 : 천천히 신중하게 / 개지꽃 : 메꽃, 넝쿨풀에 가깝다
쇠리쇠리하야 : 눈부셔

내가 이렇게 외면하고

내가 이렇게 외면하고 거리를 걸어가는 것은 잠풍 날씨가 너무나 좋은 탓이고
　가난한 동무가 새 구두를 신고 지나간 탓이고 언제나 꼭 같은 넥타이를 매고 고은 사람을 사랑하는 탓이다

　내가 이렇게 외면하고 거리를 걸어가는 것은 또 내 많지 못한 월급이 얼마나 고마운 탓이고
　이렇게 젊은 나이로 코 밑 수염도 길러보는 탓이고 그리고 어느 가난한 집 부엌으로 달재 생선을 진간장에 꼿꼿이 지진 것은 맛도 있다는 말이 자꾸 들려오는 탓이다

잠풍 : 잔잔한 바람
달재 : 바닷물고기의 일종, 달강어

鄭芝溶 詩集

3

정지용 시

정지용 시집

미래는 불확실하지, 현재를 찬미하라, 그리고 새로울 것!
이것이 바로 모던이다. 정지용 시로 모더니즘의 극치를 만끽하다. 정지용 시인은 해방 전까지 한국을 대표하는 인기 시인이었다.

1922년 고교생 때 첫 작품 풍랑몽을 발표하며 데뷔했다. 시문학, 구인회 등의 문학 동인과 가톨릭 청년, 문장 등의 편집위원으로 활동하고 휘문보고 교원을 거쳐 해방 후에는 이화여전 교수, 경향신문 주간, 조선문학가 동맹 중앙집행위원 등을 역임하였다.

거의 대표 시 중의 하나인 '향수'는 1989년 통기타 가수 이동원과 서울대 교수 박인수가 듀엣으로 불러 히트했다. 라디오 클래식 채널을 듣다보면 '향수'가 종종 흘러나온다.

윤동주는 책에 감상문이나 구입처 등을 써놓곤 했다. 정지용 시집을 즐겨 읽으며 책 맨 앞 페이지에 글을 썼는데 '걸작'이라는 한 단어였다.

바다 1

고래가 이제 횡단한 뒤
해협이 천막처럼 퍼덕이오.

……흰물결 피어오르는 아래로 바둑돌 자꼬 자꼬 나려가고,

은방울 날리듯 떠오르는 바다종달새……

한나절 노려보오 훔쳐잡어 고 빨간 살 뺏으려고.

*

미역 잎새 향기한 바위 틈에
진달래 꽃빛 조개가 햇살 쪼이고,
청제비 제 날개에 미끄러져 도-네
유리판 같은 하늘에.
바다는-속속 들이 보이오.
청댓잎처럼 푸른
바다
봄

*

꽃봉오리 줄등 켜 듯 한
조그만 산으로-하고 있을까요.

솔나무 대나무
다옥한 수플로-하고 있을까요.

노랑 검정 알롱 달롱한
블랑키트 두르고 쪼그린 호랑이로-하고 있을까요.

당신은 「이러한 풍경」을 데불고
흰 연기 같은
바다
멀리 멀리 항해합쇼.

시문학, 1930.5.

바다 2

바다는 뿔뿔이
달어나려고 했다.

푸른 도마뱀 떼같이
재재발렀다.

꼬리가 이루
잡히지 않았다.

흰 발톱에 찢긴
산호보다 붉고 슬픈 생채기!

가까스로 몰아다 불이고
변죽을 둘러 손질하여 물기를 씻었다.

이 애쓴 해도海圖에
손을 씻고 떼었다.

찰찰 넘치도록
돌돌 구르도록

희동그라니 받쳐 들었다!
지구는 연잎인양 오므라들고……펴고……

시원, 1935.12.

홍역紅疫

석탄 속에서 피어나오는
태고연太古然히 아름다운 불을 둘러
십이월 밤이 고요히 물러앉다.

유리도 빛나지 않고
창장窓帳도 깊이 나리운 대로-
문에 열쇠가 끼인 대로-

눈보라는 꿀벌 떼처럼
잉잉거리고 설레는데,
어느 마을에서는 홍역이 척촉躑躅처럼 난만하다.

척촉 : 철쭉

가톨릭청년, 1935.3.

시계時計를 죽임

한밤의 벽시계는 불길한 탁목조啄木鳥!
나의 뇌수를 미싱 바늘처럼 쪼다.

일어나 쫑알거리는 '시간'을 비틀어 죽이다.
잔인한 손아귀에 감기는 가냘픈 모가지여!

오늘은 열 시간 일하였노라.
피로한 이지理智는 그대로 치차齒車를 돌리다.

나의 생활은 일절 분노를 잊었노라.
유리 안에 설레는 검은 곰인 양 하품하다.

꿈과 같은 이야기는 꿈에도 아니 하련다.
필요하다면 눈물도 제조할 뿐!

어쨌든 정각에 꼭 수면하는 것이
고상한 무표정이오 한 취미로 하노라!

명일明日! (일자日字가 아니어도 좋은 영원한 혼례!)
소리 없이 옮겨가는 나의 백금 제플린Zeppelin의 유유한 야간 항로여!

가톨릭청년, 1933.10.

치자 : 톱니바퀴

유리창 1

유리에 차고 슬픈 것이 어른거린다.
열없이 붙어 서서 입김을 흐리우니
길들은 양 언 날개를 파닥거린다.
지우고 보고 지우고 보아도
새까만 밤이 밀려나가고 밀려와 부딪히고,
물먹은 별이, 반짝, 보석처럼 박힌다.
밤에 홀로 유리를 닦는 것은
외로운 황홀한 심사이어니,
고운 폐혈관이 찢어진 채로
아아, 너는 산새처럼 날러 갔구나!

조선지광, 1930.1.

난초蘭草

난초잎은
차라리 수묵색.

난초잎에
엷은 안개와 꿈이 오다.

난초잎은
한밤에 여는 다문 입술이 있다.

난초잎은
별빛에 눈떴다 돌아눕다.

난초잎은
드러난 팔굽이를 어쩌지 못한다.

난초잎에
적은 바람이 오다.

난초잎은
춥다.

신생, 1932.1.

지도地圖

지리교실전용지도는
다시 돌아와 보는 미려한 칠월의 정원.
천도千島열도 부근 가장 짙푸른 곳은 진실한 바다보다 깊다.
한가운데 검푸른 점으로 뛰어들기가 얼마나 황홀한 해학이냐!
의자 위에서 다이빙 자세를 취할 수 있는 순간,
교원실의 칠월은 진실한 바다보다 적막하다.

조선문단, 1935,8.

귀로歸路

포도鋪道로 나리는 밤안개에
어깨가 적이 무거웁다.

이마에 촉燭하는 쌍그란 계절의 입술
거리에 등불이 함폭! 눈물겹구나.

제비도 가고 장미도 숨고
마음은 안으로 상장喪章을 차다.

걸음은 절로 디딜 데 디디는 삼십적 분별
영탄咏嘆도 아닌 불길한 그림자가 길게 누이다.

밤이면 으레 홀로 돌아오는
붉은 술도 부르지 않는 적막한 습관이여!

가톨릭청년, 1933,10.

오월소식 五月消息

오동나무 꽃으로 불 밝힌 이곳 첫여름이 그립지 아니한가?
어린 나그네 꿈이 시시로 파랑새가 되어 오려니.
나무 밑으로 가나 책상 턱에 이마를 고일 때나,
네가 남기고 간 기억만이 소근소근거리는구나.

모초롬만에 날러온 소식에 반가운 마음이 울렁거리여
가여운 글자마다 먼 황해가 남실거리나니.

……나는 갈매기 같은 종선을 한창 치달리고 있다……

쾌활한 오월 넥타이가 내처 난데없는 순풍이 되어.
하늘과 딱 닿은 푸른 물결 위에 솟은,
외딴 섬 로맨틱을 찾어갈까나.

일본말과 아라비아 글씨를 가르치러 간
쬐그만 이 페스탈로치야, 꾀꼬리 같은 선생님이야,
날마다 밤마다 섬 둘레가 근심스런 풍랑에 씹히는가 하노니,
은은히 밀려오는 듯 머얼리 우는 오르간 소리……

조선지광, 1927.6.

석류 石榴

장미꽃처럼 곱게 피어 가는 화로에 숯불,
입춘 때 밤은 마른 풀 사르는 냄새가 난다.

한 겨울 지난 석류 열매를 쪼개
홍보석 같은 알을 한 알 두 알 맛 보노니,

투명한 옛 생각, 새로운 시름의 무지개여,
금붕어처럼 어린 녀릿녀릿한 느낌이여.

이 열매는 지난 해 시월상달, 우리 둘의
조그마한 이야기가 비롯될 때 익은 것이어니.

작은 아씨야, 가녀린 동무야, 남몰래 깃들인
네 가슴에 졸음 조는 옥토끼가 한 쌍.

옛 못 속에 헤엄치는 흰 고기의 손가락, 손가락,
외롭게 가볍게 스스로 떠는 은銀실, 은銀실.

아아 석류알을 알알이 비추어 보며
신라 천년의 푸른 하늘을 꿈꾸노니.

조선지광, 1927.3.

향수鄕愁

넓은 벌 동쪽 끝으로
옛 이야기 지즐대는 실개천이 휘돌아 나가고,
얼룩백이 황소가
해설피 금빛 게으른 울음을 우는 곳,

―그곳이 차마 꿈엔들 잊힐리야.

질화로에 재가 식어지면
빈 밭에 밤바람 소리 말을 달리고,
엷은 조름에 겨운 늙으신 아버지가
짚베개를 돋아 고이시는 곳,

―그곳이 차마 꿈엔들 잊힐리야.

흙에서 자란 내 마음
파아란 하늘빛이 그리워
함부로 쏜 화살을 찾으러
풀숲 이슬 함추름 휘적시던 곳,

―그곳이 차마 꿈엔들 잊힐리야.

전설 바다에 춤추는 밤물결 같은
검은 귀밑머리 날리는 어린 누이와
아무렇지도 않고 예쁠 것도 없는
사철 발 벗은 아내가
따가운 햇살을 등에 지고 이삭 줍던 곳,

―그곳이 차마 꿈엔들 잊힐리야.

하늘에는 성근 별
알 수도 없는 모래성으로 발을 옮기고,
서리 까마귀 우지짖고 지나가는 초라한 지붕,
흐릿한 불빛에 돌아 앉아 도란 도란거리는 곳,

―그곳이 차마 꿈엔들 잊힐리야.

조선지광, 1927.3.

갑판 위

나직한 하늘은 백금빛으로 빛나고
물결은 유리판처럼 부서지며 끓어오른다.
동글동글 굴러오는 짠 바람에 뺨마다 고운 피가 고이고
배는 화려한 짐승처럼 짖으며 달려나간다.
문득 앞을 가리는 검은 해적 같은 외딴섬이
 흩어져 날으는 갈매기떼 날개 뒤로 문짓 문짓 물러나가고,
어디로 돌아다보든지 하이얀 큰 팔굽이에 안기어
지구덩이가 동그랗다는 것이 질겁구나.
넥타이는 시원스럽게 날리고 서로 기대선 어깨에 유월볕이 스며들고
한없이 나가는 눈길은 수평선 저쪽까지 깃폭처럼 퍼덕인다.

*

바다 바람이 그대 머리에 아른대는구료,
그대 머리는 슬픈 듯 하늘거리고.

바다 바람이 그대 치마폭에 니치대는구료,

그대 치마는 부끄러운듯 나부끼고.

그대는 바람 보고 꾸짖는구료.

*

별안간 뛰여들삼어도 설마 죽을라구요
바나나 껍질로 바다를 놀려대노니,

젊은 마음 꼬이는 굽이도는 물굽이
둘이 함께 굽어보며 가볍게 웃노니

문예시대, 1927.1.

카페 프란스

옮겨다 심은 종려나무 밑에
비뚜로 선 장명등,
카페 프란스에 가자.

이놈은 루바쉬카
또 한 놈은 보헤미안 넥타이
삐쩍 마른 놈이 앞장을 섰다.

밤비는 뱀눈처럼 가는데
페이브먼트에 흐느끼는 불빛
카페 프란스에 가자.

이 놈의 머리는 비뚜른 능금
또 한 놈의 심장은 벌레 먹은 장미
제비처럼 젖은 놈이 뛰어간다.

*

"오오 패롯 서방! 굿 이브닝!"

"굿 이브닝!"(이 친구 어떠하시오?)

울금향 아가씨는 이 밤에도
경사更紗커-튼 밑에서 조시는구료!

나는 자작子爵의 아들도 아무 것도 아니란다.
남달리 손이 회어서 슬프구나!

나는 나라도 집도 없단다.
대리석 테이블에 닿는 내 뺨이 슬프구나!

오오, 이국종 異國種 강아지야
내 발을 빨어다오.
내 발을 빨어다오.

장명등長明燈: 대문 밖이나 처마 밑에 달아놓은 등
울금향 : 튤립
패롯 : parrot, 앵무새
자작 : 귀한 가문의 귀족

학조, 1926.6.

홍춘紅椿

춘椿나무 꽃 피 뱉은 듯 붉게 타고
더딘 봄날 반은 기울어
물방아 시름없이 돌아간다.

어린아이들 제춤에 뜻없는 노래를 부르고
솜병아리 양지쪽에 모이를 가리고 있다.

아지랑이 졸음 조는 마을 길에 고달퍼
아름아름 알어질 일도 몰라서
여윈 볼만 만지고 돌아오노니.

춘나무 : 참죽나무

신민, 1926.11.

엽서에 쓴 글

나비가 한 마리 날아들어 온 양하고
이 종잇장에 불빛을 돌려대 보시압.
제대로 한동안 파닥거리오리다.
―대수롭지도 않은 산목숨과도 같이.
그러나 당신의 열적은 오라범 하나가
먼데 가까운데 가운데 불을 헤이며 헤이며
찬 비에 함추름 휘적시고 왔오.
―서럽지도 않은 이야기와도 같이.
누나, 검은 이 밤이 다 희도록
참한 뮤―쓰처럼 주무시압.
해발 이천 피이트 산봉우리 위에서
이제 바람이 나려옵니다.

뮤―쓰 : 뮤즈

조선지광, 1927.5.

봄

외까마귀 울며 난 아래로
허울한 돌기둥 넷이 서고,
이끼 흔적 푸르른데
황혼이 붉게 물들다.

거북 등 솟아오른 다리
길기도 한 다리,
바람이 수면에 옮기니
휘이 비껴 쓸리다.

동방평론, 1932.4.

할아버지

할아버지가
담뱃대를 물고
들에 나가시니,
궂은 날도
곱게 개이고,

할아버지가
도롱이를 입고
들에 나가시니,
가문 날도
비가 오시네.

신소년, 1927.5.

기차 汽車

할머니
무엇이 그리 서러워 우시나?
울며 울며
녹아도鹿兒島로 간다.

해여진 왜포 수건에
눈물이 함촉,
영! 눈에 어른거려
기대도 기대도
내 잠 못 들겠소.

내도 이가 아파서
고향 찾아가오.

배추꽃 노란 사월 바람을
기차는 간다고
악 물며 악물며 달린다.

동방평론, 1932. 7.

산엣 색시 들녘 사내

산엣 새는 산으로,
들녘 새는 들로.
산엣 색시 잡으러
산에 가세.

작은 재를 넘어 서서,
큰 봉엘 올라 서서,

「호-이」
「호-이」

산엣 색시 날래기가
표범 같다.

치달려 달어나는
산엣 색시,
활을 쏘아 잡었습나?

아아니다,
들녘 사내 잡은 손은

차마 못 놓더라.

산엣 색시
들녘 쌀을 먹였더니
산엣 말을 잊었습데.

들녘 마당에
밤이 들어.

활 활 타오르는 화톳불 너머
너머 보면

들녘 사내 선웃음 소리
산엣 색시
얼굴 와락 붉었더라.

문예시대, 1926.11.

산 너머 저쪽

산 너머 저쪽에는
누가 사나?

뻐꾸기 영 위에서
한나절 울음 운다.

산 너머 저쪽에는
누가 사나?

철나무 치는 소리만
서로 맞어 쩌 르 렁!

산 너머 저쪽에는
누가 사나?

늘 오던 바늘 장수도
이 봄 들며 아니 뵈네.

신소년, 1927.5.